White Carnation

Melissa Banuelos

Copyright©2020 Melissa Banuelos

For those who believed in me and
for those of you who have ever felt a pain you
couldn't share with the world.

TABLE OF CONTENTS

Introduction..8
White Carnations..9
I: Vida-Life..10
La Vida Me Asusta..11
Lyrics..12
Mazatlán 13
Vinyls and Record Players................................14
Reloj de Arena...15
Redwood Forest...16
Ultravioleta...17
SJ..18
Casa de Muñecas 19
The World Doesn't Revolve Around Me..........21
Fingir..22
Reflection..23
Cancún 24
Peter Pan in the Land of Never......................25
Mala Suerte..26
I Think You Were My Soulmate...................27
Noche...28
Glow In The Dark Stars..............................29
Corona..30
I Don't Fit In 31
Tóxica..32
Losing Hope..33

Museo..34

Same Streets...35

Reza...36

Pressure..37

Tres de la Mañana....................................38

Rumor..39

Te Veías Feliz..40

Pistol...41

Hogar...42

Not Delivered..43

El Amor Primero......................................44

Attached To Memories.............................45

Te Escucho...46

I'm Not Ready..47

Libros..48

What Do You Want To Be When You Grow Up?...49

II: Muerte-Death......................................50

Muerte..51

Anonymous...52

Mariposa Blanca 53

Liar...54

Clavel Blanco..55

Evil Queen..56

No Puedo Ni Amar Alguien Más 57

Sunshine: The Brief Relief........................58

Odio Este Lugar..59

For Brother...60

Sangre..61
Nightmares...62
Ojos...63
Dirty..64
Me Dijeron...66
Burn..67
Corazón Roto...68
Ringing...69
Delicada...70
Moment..71
Me Duele..72
Stapler..73
Te Olvidé 74
Blind...75
Egoísta 76
Can't Speak..77
No Eres Como Ellas......................................78
Unsolved..79
Atrapada..80
What Can I Say?..81
Me Ahogo...82
Ambivalence..83
No Pude Despedirme....................................84
Battle..85
Yo No Quiero Saber......................................86
I'm Choking...87
No Entiendes...88
Uncertainty..89

Un Brindis En Tu Honor.................................90
III:La Puerta Cerrada-The Closed Door.........91
Sol y Luna.................................92
Yesterday.................................93
El Baile de Máscaras.................................94
Always.................................95
Santa Cruz.................................96
Truly.................................97
Una Carta Para Mi Hermana.................98
True Self.................................99
Adiós 100
New Path.................................101
Soy Yo.................................102
Strawberry Milkshake.................................103
Lo Que Entendì Cuando Me Encontré.........104
I Can Finally Breathe.................................105
Cuatro Años Después 106
Y sigo viviendo.................................107

Introduction

When I was younger, I would dream about writing my first book. Now that I am older, I am fulfilling this dream. This book was written to close a chapter of my life in which death seemed to be my only option.
A chapter that would have ended with a white carnation placed on my casket.

Like my thoughts I write in both English and Spanish. Being bilingual it's difficult to express myself in one language, so I share my heart in both.

I want to state an official trigger warning here. I talk about some heavy subjects like sexual assault, abuse, and self harm. I understand if these subjects are difficult to read and you are unable to continue. If you need to pause at any time, know that I too had to take breaks. Our emotions are valid. Regardless of your decision I thank you for supporting me.

White Carnations

I have always loved carnations.
Always have been drawn to them.
I always questioned why.
At first I thought it was because they were
pretty
but now I think it's the pain.

To some white carnations are considered to
be funeral flowers
expressing:
grief, sadness, and love.

I.   Vida - Life

II.   Muerte - Death

III.   Puerta Cerrada - Closed Door

All my life I questioned what was so amazing
about life. Even when I had everything, I still
hated my life. At 18 I was unstable and in pain.
It took me three years to finally feel better.
This is a compilation from different times and
years of my life from 18 to 22. A lot has
changed throughout those years which I
reflect on throughout. Some deeply personal
memories. Some happy memories and some I
wish to forget.

I.   Vida - Life

La Vida Me Asusta

I'm twenty-two years old and I am still scared

Lyrics

what does your favorite song lyric say about you?
what does it say about what you've been through?

Mazatlán

solía coleccionar conchas marinas
hogares de las criaturas del mar
creo que estaba desesperada de encontrar un
hogar
en un mundo que no pertenezco

cuando extraño al otro mundo
escucho las olas
en los sonidos de las conchas

eres mi otro mundo Mazatlán
el mundo que no pertenezco

Vinyls and Record Players

I can not spend another day with this pain
my eyes are closed
I am barely breathing
music flooding into my ears
the sound of the scratching from the needle
as the vinyl rotates
soothes me as I lay
numbly crying
love has been eating me alive

then with the darkness he came
asking for a single dance
I closed my eyes as Heartbreak
held me tightly
spinning me
around and around
spinning the pain away
but when I open my eyes
he is gone
and I am alone
the music ends
only the crackle from the vinyl accompanies
me

Reloj de Arena

el tiempo se me está acabando
sostengo mi corazón solamente con tu
memoria
pero ya te estás olvidando de mi
solo quiero parar este reloj de arena

pero ya sabía desde hace mucho tiempo
que ya no te hago falta
y que encontraste alguien mejor para ti

necesito más tiempo
para poder cambiar tu decisión
pero la arena no va màs lento
y estoy desapareciendo

es mejor que te olvides de mi
y que yo también me olvide de ti
porque no puedo esperar màs amor de ti

espero lo último de la arena que se termine
y con él se termina mi tiempo
en nuestro amor de reloj de arena

Redwood Forest

I hear them whispering
their voices become the wind
echoing past

tell me your secrets
where does my redemption lie?

they say the Earth speaks to those who listen
I am listening

Ultravioleta

eres una luz fluorescente
más allá de violeta
tu frecuencia me atrae
pero me dañas cuando paso por tu camino
tu radiación me lastima
pero soy adicta a tus rayos penetrando mi piel
me estoy quemando para estar junto a ti

y ya que te sentí no te podré dejar ir

SJ

I've never felt more myself until I was out at
3am
with my best friend
dancing till my feet hurt,
screaming the lyrics of songs that I loved,
living only for the moment

Casa de Muñecas

en esas noches....
de pronto se me olvidaba que me dejaste sola
y te buscaba en los espacios vacíos en mi casa
de muñecas

pero entiendo que yo no fui la que necesitabas
yo no era quien creias
y pensaba

¿será que no soy digna de ser salvada?
nadie quiere una muñeca quebrada
pero entiende

que no tenía el poder de salvarme
yo pensaba que el muñeco vestido de príncipe
me iba a rescatar

pero tú querías la muñeca vestida de princesa
sin
rasguños
y se que no te podía convencer de que te
quedaras
tu el quien yo soñaba toda la vida
el príncipe del cuento
no eras el héroe de mi historia
era yo la muñeca que sola

con pegamento se arregló

sé que tú me miras hoy y no me reconoces
es que el pegamento me renovó

The World Doesn't Revolve Around Me

sometimes I fail to realize that everyone is living their own story

*I read a letter once
it was hidden from the world
and when I read it I cried
a life full of sorrow and pain
a life I would never wish for anyone
I felt alone holding this letter
the words left me empty
hundred of questions spiraling in my head*

to the anonymous writer of the letter:
I hope you were able to leave your hometown
and your father never touched you again. I
hope your mom believed you. I hope you
found happiness and that you are safe.
I want you to know that I am so sorry. I want
you to know that I read your letter and I know
your story. I read every word. I cried with you.

Fingir

estoy fingiendo que estamos bien
pero mis sentimientos están goteando de la
botella en que los selle

una y otra vez
hice excusas para ti
una y otra vez

no sé porque me quedé el día de ayer
el moretón en mi brazo dice mi realidad

y tengo miedo de que me seguirás
pero me acuerdo que no sabes nada de mi
siempre solo enfocado en las palabras que
salían de ti

no hay necesidad de fingir
la verdad es que merezco mucho más que tu

Reflection

we stare at our reflections all the time.
and yet we never really see

but I can see
I see every emotion
every reaction
every movement
every word you speak
I see what you don't see
I see what is hidden from you
I see your true beauty

Cancún

es otro mundo estar aquí
la playa llamándome con sus olas
el calor abrazándome
la noche gravita un paz que no puedo alcanzar
las estrellas brillantes contienen el poder de
conceder
todos mis deseos
y aunque mis sueños son más claros en este
lugar
mi ser dice que un deseo no va a cambiar el
vacío que siento

eres el paraíso que contiene mi alma del
infierno
sé que me estás tratando de salvar
pero yo quiero salvarme sola
dame una oportunidad para tratar

y espero, cuando regrese
que me dejes hacer un deseo en tu noche de
estrellas
Cancún

Peter Pan in the Land of Never

oh you were charming,
you said I'm a lost boy and we can be lost
together
adventure is a flight away...
we will never grow up
I took your hand to the land of never,
but I didn't realize you're truly lost
not knowing what you want
I knew from the start I wanted only you,
but you're never growing up
you want to stay in the land of never
I have grown up without you
I am not lost anymore
I don't want to fly away from the real world,
don't want to stay in the land of never forever
I don't believe in magic
and pixie dust won't take me back home
and now you won't help me leave,
because you'rc the boy who is stuck in this
land of never
named neverland

Mala Suerte

quisiera que el amor no fuera tan ingenuo

le di la espalda al mundo
declarando a todos que eras mi amor
verdadero
que contigo estara por siempre
ahora aquí sentada sola te espero
ya nunca quiero verte

nuestro amor es de mala suerte
sé que con otra estas
estaba ciega de amor
pero ahora puedo ver

hoy no hay nuevas lágrimas
solo nuestro amor fue verdadero
pero renunciaste a quererme
y me fui lejos de ti

la mala suerte me hizo buena en las
despedidas

I Think You Were My Soulmate

sometimes when I look into someone's eyes I
know that they will be important to me
I knew when I looked into your eyes you
would be

every night feels the same since you left
I remember that night
you were lighting your cigarette in the dark
eyes dancing as we talked

is that heaven in your eyes?
because they got a hold of me
will give you everything
cause I can barely hold any of it together
you can keep all of me forever
if you promise I'll make it to heaven with you

you say, princess let's have a drink
I've been waiting to reach you all my life
but one more drink and I'll give myself away

so I turn my back on you
before you have the chance to
leaving a piece of me to enter heaven with you

Noche

una bebida más para borrar tus mentiras
otra noche similar a la anterior
pero esta vez te deseo lo mejor

espero que encuentres felicidad

esta noche yo me elijo a mi
tú eras un momento fugaz en mi historia
yo soy la protagonista de esta historia
ahora vamos a celebrar lo que aprendí de mi
una bebida más para mí,
la que siempre estará aquí

Glow in the Dark Stars

when I was younger I used to wish on the
glow in the dark stars on my ceiling
throughout the years they disappeared from
my ceiling
and even though they didn't make my wishes
come true
there came a time I became desperate for a
single wish
I hoped the stars would listen to my dreams
and help them come true
I put my faith on them like a child
and was once again disappointed

Corona

cuando te fuiste te robaste mi diadema de
princesa
así que encontré una corona y me transforme
en reina

dicen que ahora que soy reina
no debería gastar mis lágrimas
pero solo porque soy reina no significa que no
siento dolor

soy reina y con mi dolor reinaré con empatía y
compasión

me levantaré cada vez que haya guerra
lucharé por todo lo que amo
nunca seguiré a un amor no correspondido
nunca volveré a dejarme degradar por un
hombre
nunca dejaré que me lastimen
este es mi reino ahora

I Don't Fit In

*sometimes I think about when I was 18 and I
would place myself in different boxes to fit all
the expectations that people and society had
of me
it was draining and confusing.*

I don't fit in this box where I am being placed
I don't like the label it holds
and now I can't seem to get out
and the walls are closing me in
and it's getting hard to breathe

I was told
I will never fit perfectly in any box
to be grateful to even have a box
and to just sit quietly
and I did

Tóxica

acepto que puedo ser tóxica
cada uno de nosotros podemos ser tóxicos
lo importante es reconocerlo
y tratar de mejorar como persona
nunca seremos perfectos
pero podemos vivir
reconociendo y aprendiendo para ser mejor

Losing Hope

how do I breathe without feeling the hurt?
I can't play pretend, my face shows every
emotion
I am changing fast and there's no one to blame
I'm scared of having nothing left
life can be so rough and I end up getting hurt
at every turn
I can't comprehend the reason for many things
listening to the stories of the world I lose hope

*the world is a harsh place
it is okay to be angry with it
it is valid to want to scream and cry
it is valid to want to respond by running away
it does not make you weak
it makes you human
it is okay to need time
when you decide to face the world and fight
for your hope, I will stand with you.*

Museo

cada parte de ti
es arte
cada persona tiene una interpretación
diferente
pero solo tú sabes lo que realmente es la
verdad
de cada pintura
de cada trazo de pincel
de cada color
que tú contienes
dejalos adivinar
dejalos hacer declaraciones falsas de ti
no importa, porque al final
sigues siendo la única arte en este simple
lugar

Same Streets

I'm tired of this place
same people
same ideas
talking about the same old days
stuck
I want to leave
where no one knows who I am or who I was

I was comfortable in this bubble
now I want to burst it open
let it pop

now people here don't understand
what's so bad about being comfortable?
it provides no growth

everything is fine
no it's not
the world around us is burning
and we are worried about who's coming to the
kickback

Reza

seré tu perdición
te confieso que haré tu alma sangrar
cuando de tu cuerpo tu alma saque

empieza a rezar
reza que el universo te perdone
porque yo soy el ángel de la muerte
y un día en mi lista estarás

yo no escogí tu destino
tú te enteraste en el tuyo

mi propósito no es hacerte sufrir
todo lo que ha pasado y pasará,
es lo que mereces
pero puedes echarme la culpa
si te hace sentir mejor

Pressure

there's a pressure that lives inside me
I don't remember when it was placed there
but I carry it with me wherever I go

it speaks to me

I can do better
I need to do better
I can try harder
I need to try harder
it won't let me sleep
I wake up to these words…
the world is looking at me
I can not fail
the pressure keeps piling
I can not fail
suddenly I can not breathe
I can not fail
I'd rather stop breathing
I can not fail
failure is not an option.
I will not fail

Tres de la Mañana

estoy sola en la oscuridad
el dolor no me deja dormir
llevo horas esperando que el sueño venga a mi
pero en mis pensamientos estoy nadando
mi mente entre la corriente del sueño y la
realidad
empiezo a llorar
me estoy ahogando en el mar de mis lágrimas

Finalmente cuando ganó la conciencia
miro a mis alrededores '
no hay ningún mar
solo lágrimas en mi cara
son las tres de la mañana
y es otra noche sin descanso

Rumor

I know you've heard the rumors about me
so...
let the rumors
create the person you think I am
let the rumors
shape the image you have of me as I walk by
let the rumors
mold the unspoken words said when you
glance
my way
let the rumors
tell the story of who I am
because I won't ever give you the chance
to find out the truth about me
I'll forever just be someone you heard a rumor
about

Te Veías Feliz

hace unos meses
tu foto en la pantalla de mi celular
te veías feliz
sabes ...
y pensé hace unos años
fuiste muy importante para mi
pero no te lo dire
porque ya han pasado años

hoy te vi en mi pantalla
era una foto de ti
te veías feliz
abajo de tu foto
las letras R.I.P
te has ido de este mundo
y no te dije que eras importante para mi
las lágrimas caen
¿fuiste feliz?

Pistol

I heard somewhere that you can take your
own life
but it wouldn't be from yourself
it would be from everyone around you
everyone you care about
because they would be the one who lose you,
you will be taken away from them

I've never held a pistol in my hand
I fear what I would do
what would I do?
I know what I would have done then,
but what about now?
perhaps take a photo
To look at the last thing I ever held
and the item that could have killed me
if I hadn't found peace

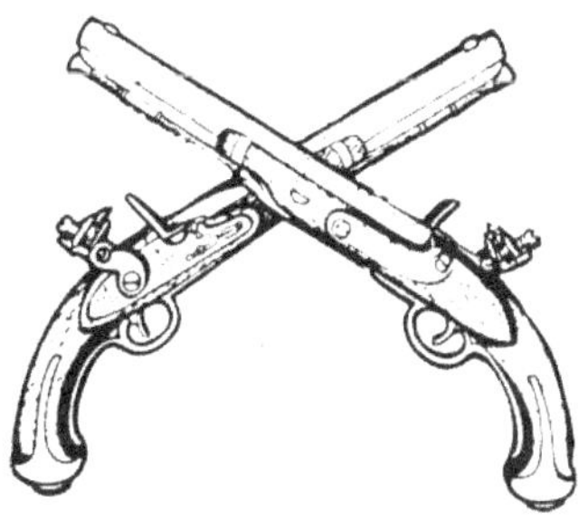

Hogar

vivo bajo las cobijas
en agonizante ansiedad
nunca a salvo de mis pensamientos
escondida del mundo
escondida de la culpa que llevo
escondida de ti

mi hogar no es un lugar seguro
vete antes que las paredes te intoxiquen
con la maldición con la que vivo dentro

Not Delivered

I sometimes dream of revenge but it's a
thought that comes as quickly as it goes

I watch as you hold her heart in your hands
your heart in hers
how long has this been going on?
I should have lowered my expectations
now I'm here
spending my time dissecting all our memories
guess your part was that of an antagonist
not of the love interest
I was not cut out for this story
tell me it was never real
so I can walk away
I'll burn the love letters of our story
the ones that were never delivered
and I'll rewrite this story
this time I'll be the antagonist
crushing the two lovers hearts

El Amor Primero

las canciones que me dedicaste
pintan el cielo de mi mundo
sus palabras describiendo
los sentimientos que hacen mi alma cantar
la música transformando un ordinario mundo
a uno luminoso

pero las canciones que me dedicaste se
terminan
y en su lugar se escuchan canciones del
desamor

mi mundo de maravillas se está derrumbando
¿será que ya llegó nuestro fin?

Attached to Memories

I miss them.

how can we be sure that we don't miss the memories we hold more than the person?

Te Escucho

cuando me hablas estoy enfocada en solo tu
voz
todo alrededor es silencio
mientras yo estoy entretenida
escuchando cada palabra
cada sonido
que pronuncias
y eso me asusta más de lo que crees

I'm Not Ready

how do I tell the world that I am not ready?
they say life throws you only what you can
handle
but I don't want it to throw me anything
I can't handle anymore disappointment from
the world nor more disappointment in myself

Libros

en las páginas de un libro vivo
mi corazón se sumerge en la magia
escapando a otra realidad
con un final ya escrito

What Do You Want To Be When You Grow Up?

I hate this question
the only thing I don't want is what our society
views as a grown up's life
working until you die
so I guess my answer is to not be sucked dry
of the little energy I have left

II.   Muerte-Death

Muerte

la muerte tenía mi nombre en su libro ...
firmé su libro por voluntad propia
en mi desesperación por el alivio de mi dolor
agarré la pluma y firmé
mis lágrimas manchando la tinta
la muerte notando mi grave estado
recogió su libro y miró mi firma
fingiendo que mis lágrimas hicieron mi
nombre ilegible
volteo y siguió caminando

Anonymous

breathing in the beauty of the world
with my eyes closed, I ask the universe
where do I go from here?
opening my eyes
you come into view
never seen someone so beautiful
cherry blossoms petals fall as you walk past
where have I seen you before?
our eyes meet
there is a recognition in your face
when you look at me
it lingers in my mind
did I meet you in my dreams?
wish I could ask but you're fading from view
I sit watching you disappear

Mariposa Blanca

dicen que la mariposa blanca
es una señal del cielo
alguien que falleció en esta vida
te están cuidando en una nueva forma desde
arriba

siempre me han asustado las mariposas
cuando miro una mariposa blanca
quiero estar feliz pues alguien está ahí
pero me da miedo

¿por qué estás viendo lo que pasa en esta
vida?
¿por qué no estás disfrutando el cielo?
ya pasaste lo más difícil de este mundo
no me tienes que cuidar
mejor descansa

vuela lejos de aquí mariposa
yo me cuido sola

Liar

is it bad that sometimes I wish I believed the
lies
I am told rather than know the truth?

Clavel Blanco

pasaba por las calles
totalmente vacía
mi ser se desaparecía
viviendo con el profundo dolor de quien fui

un clavel blanco pasó por mi camino
miles de posibles significados
pero mi corazón se aferra a la flor que
describe
el dolor de un fallecimiento

tan hermosa, la declaró la flor de mi funeral

el universo me mandó una señal
que me ve
que reconoce cuanto el mundo me ha roto
en cada esquina la veo
en mi búsqueda por una respuesta del mundo
encuentro esperanza en su significado
la persona que fui murió
y puedo sentir ese dolor
pero también puedo seguir viviendo

Evil Queen

am I the villain in my own story?
am I the reason things go so wrong?
whenever I am happy
I feel it consuming me
the doubt comes out
will this happiness last?
I am my own villain
I plague my happy kingdom with my evil spell
doubt
I doubt my happiness
and down the rabbit hole
I fall
fall
fall
they try to catch me but I won't let them
they say that a true loves kiss will break my
spell
but it won't break if I don't let them kiss me
I am my own villain
I make the princess feel alone
I let the princess stay in pain
if I inflict my own pain, the prince wont
I wanted to be good but fear turned me evil

No Puedo Ni Amar Alguien Más

no entiendo cómo él puede hacer el tiempo del
mundo
pero tú no tenías para mí ni un segundo
él siempre pregunta por detalles de lo que me
gusta y de lo que hago
si tú me mandabas un mensaje era un milagro

pero ni con él puedo olvidarte
ya me cansé de amarte
me equivoqué al besarte
a penas pude dejarte

es que todavía no entiendo que paso con todo
las palabras que me dijiste
y todo lo que me prometiste
ya ni sé qué decirte
querías arruinar mi corazón y lo conseguiste

Sunshine: The Brief Relief

sunkissed skin
feels like a sin
to not feel heavy within

but...

the pain will soon creep in
into my heart where it's always been

the world may bring me the sun
but I cling to the gun

Odio Este Lugar

dicen que el odio es una palabra dura,

pero ¿cómo puedo explicar que este lugar me
quito todo? me quito mi corazón, mi inocencia,
y mi mente.

me preguntan ¿pero qué pasó con todo lo que
te dio este lugar? este lugar me dio dolor,
trauma y ansiedad.

creo que tengo derecho a odiar este lugar.

For Brother

people always ask me what is like to have a
twin
I never know what to say
I have never experienced life without one

I was given a best friend when I was born
a friend to always play with me
a brother to blame for all my travesuras
I was never alone

now that I am older
I get sad thinking
I'm not as close to you as before
we have different lives
and our paths barely cross
it scares me to think that it started with us two
but it won't end with us two

and even if it doesn't
I will always love you

Sangre

tengo líneas en mi piel
cuando las miro
mi mente mira sangre gotear al piso
me siento drogada
yo cortaba líneas en mi piel
para saber que mi dolor era real

el dolor de mi corazón era real
pero ellos no lo creían
ellos solo creen lo que ven
y yo quería que lo que yo sentía
tuviera explicación
y la sangre era esa explicación
me drogué con el dolor
gotas en el piso pintaban mi dolor

*cuando tenía 18 años el dolor que sentía era
demasiado
con mucha ayuda me pude sentir mejor
si estás leyendo esto, quiero que sepas que yo
te creo
yo sé que tu dolor es real.*

Nightmares

my demons wake as I close my eyes
they hide in my deepest insecurities where
they torture me until I scream myself awake
a death match during my sleep
one I lose
every night
one I wake up from
dead inside

Ojos

los ojos son la ventana al alma
pero cuando miro en tus ojos
miro solo el vacío que tienes dentro
ya no tienes un alma
hace mucho se la vendiste al diablo

solo querías ganarte mi corazón
para que yo, también, vendiera mi alma
por tu amor
¿qué le debes al diablo?
¿es tanto la deuda que decidiste jugar con mi
corazón?
fui tonta en creer tus palabras pero
viendo en tus ojos salió la verdad
dile al diablo que no va a tener una nueva
alma
pero que no se preocupe porque
desde hoy juro que empiezo mi venganza
contra ti

Dirty

a lot of people I know talk about how they
hate their first job working with fast food.
I hated my first fast food job too.
I blame that job for making me stay late that
night,
one I carry with me wherever I go.

walking home from an 8hr shift
smelling of meat and sweat
less than 5 mins away from home
I was too tired
I didn't fight

I couldn't breathe
was this how I would die?
please please please
stop stop stop
my head hit the fence and

I couldn't see
my eyes wouldn't let me see
when you let me go, I ran home
alone at home

crying in the shower
I let the shower run

I was bleeding
no soap could clean
how Dirty Dirty Dirty I was

Me Dijieron

me dijeron que pensaba solo en mi misma
cuando pensaba solamente en ellos
y cuando deje de pensar en ellos
y me enfoqué en mi misma
ellos me acusaron de que los deje solos
ya no voy a esperar a que la gente diga que soy
lo malo de este mundo
solo porque ellos no pueden confrontar sus
propios problemas
yo quise ayudar
y solamente me odiaron
mejor que me odien por no ayudarlos
para que no tenga que poner todo el esfuerzo
que puse en ayudar
al final es el mismo resultado

Burn

they say that there's no shame in asking for
help
I am not ashamed
but how do I say I need help living?

I've been losing my mind trying to figure life
out
I have lost all energy and I'm done pretending
this life matters to me

there have been plenty of times in my life
where I was falling apart and I let myself
crumble
I didn't try to keep myself together because at
that time I was tired of trying
I let my world burn and I let the flames devour
me

Corazón Roto

I never believed in a higher being but when I
was heartbroken I prayed as if I did

arregle mi propio corazón
pero en tu ausencia me quede con cicatrices
cada noche rezaba a un Dios en el que no creía
desesperada por borrarte de mi
suplicando que las cicatrices que me dejaste
se desaparecieran

sin darme cuenta
después de un tiempo,
tu recuerdo se borró
y mis cicatrices se aclararon
y por fin mi corazón fue suficientemente
fuerte para poder amar de nuevo

ojalá que un día tú también reces que las
cicatrices que te hagan se borren
y que Él no te escuche

Ringing

(XXX)XXX-XXXX is unavailable
leave a message after the beep.
hey, I'm sorry can we please talk---

who would have known
that in a few years
it would be your turn to break into tears
wasting your breath
all alone
on the phone

Delicada

dicen que soy delicada
pero quien son ellos para decirme lo que soy o
no soy
ellos no sufrieron el dolor que sufrí yo

no es que sea delicada
es que yo no voy a jugar más juegos
no dejaré que nadie me lastime más
y si crees que soy delicada ...

entonces esta es mi respuesta:
yo no te necesito
porque yo no quiero a alguien que no entienda
la validez de mis sentimientos en mi vida

Moment

I feel like I'm chasing for the moment
the moment you realize I'm here
giving my all to you
opening all my closed doors for you
but I'm tired of running after you
what more can I do
to show you that I am the one for you?
your heart keep its door locked near me
I am not the keeper of its key
so I will walk away
for your happiness
my heart will be the one to pay

Me Duele

yo defendí tu nombre
pero de todos modos me mentiste
y me heriste
y me duele que lo hiciste
pero me duele más lo idiota que me hiciste

Stapler

how many more staples can my paper
heart take?

Te Olvidé

encerré los recuerdos de ti en un cofre
en las profundidades oscuros de mi mente te
escondí
hasta que un día
en llamas el cofre se encendió
con el sol de un nuevo amor
haciendo espacio para nuevos recuerdos

Blind

I am on my knees
the world knows you're my sanctum
can't believe I am
confessing to myself
that I am the one
that keeps knocking on your door

all these dreams I have,
have become only of you
I confess I'm blind for you
each look from you
I am bewitched once again

Egoísta

¿será que soy egoísta por soñar en un mundo
en el que estoy feliz?

Can't Speak

what do you do when you have the words
inside you
wanting to spit them out
wanting to cry out
looking at the people you love as they
continue on
but you're stuck
reliving your fear
and when they speak to you
your ears start ringing
ringing

your mind isn't here
it's there

you look at their smiles
and how can you tell them?
so you swallow your words
and your ears keep ringing
ringing

No Eres Como Ellas

una de las cosas que más odio es la idea de
que
no podemos, como mujeres, ser ni un poquito
similares
la idea que "no eres como otras chicas" es el
objetivo que una mujer se esfuerza a tener
soy mujer y soy como otras mujeres
tengo luchas similares, comparto gustos y
disgustos...
no estoy contra otras mujeres, ellas no son mi
competencia

Unsolved

why did I bend and break myself for others
that didn't even realize I was breaking to help
them?
for others that in the end still blamed me for
their unfixable mistakes
it will forever remain unsolved

Atrapada

siento que no puedo salir
algo pegajoso me cubre
todo alrededor en un oscuro sin fin
alguien por favor ayúdeme
que no puedo escapar

estoy llorando
pero no siento nada
tomo mi último aliento
y la substancia pegajosa me sofoca

ya no estoy
atrapada

What Can I Say?

I can be the very best version of myself
the version I am absolutely most proud of
and yet you still would not pick me
because to you I am just ordinary
and this new me is mediocre
in comparison to them
and how can I hate them
when you're right,
they are stunning
inside and out

Me Ahogo

dicen que las olas del mar
ayudan a dar forma a las roca que les rodean
¿crees que el mar también me pueda moldear?

necesito que el mar forme una mejor versión

de mi

antes que me ahogue

Ambivalence

in the same fleeting moment
I am attracted to the idea of you
but repulsed by the behavior you choose

No Pude Despedirme

hay muchas cosas en esta vida de las que no
pude despedirme
sé que no hay manera de saber lo que
sucederá
pero hay días que pienso que tuve
oportunidades de despedirme de muchas
cosas y no lo hice
y viviré con esa culpa

Battle

sometimes it feels like no one is there to help
when we need it the most

I keep asking for others to help, but no one
wants to help fight a battle they don't see
don't they see me?
don't they see the battle I am fighting?

Yo No Quiero Saber

hay cosas que no puedo borrar de mi mente
sé que la vida es difícil
y quiero ser paciente
y comprender
pero no creo poder

las palabras que me dijiste
cambiaron mi mundo

un mundo que nunca quisiste
ahorra tengo que escoger
vivir en el mundo de las mentiras
o en el mundo de las verdades
¿cuál dolería menos?

I'm Choking

I gave you the benefit of the doubt
but you found one fault in me and you walked
away
and now I'm left on my knees
choking on my tears

No Entiendes

a veces siento que explico todo lo que siento
y todavía nadie me escucha
las palabras no son entendidas
no sé porque pierdo mi aliento
ya sé que nadie vive la misma vida
así que no puedo culparlos
pero la próxima vez
mejor me quedo callada

Uncertainty

my feelings deceive me
I feel so much
yet struggle to know
what I need
what I want
what is best for me
what's the point of feelings
if they leave me with only uncertainty?

Un Brindis En Tu Honor

estoy usando una solución temporal
en cualquier momento en lágrimas explotaré
mis mejillas rosadas se han vuelto un rojo
brillante
la feliz burbujeante sensación
ha cambiado una dolorosa angustia
el mundo gira violentamente
cierro los ojos
una lágrima se cae de mi cara
y empiezo a reír

III.   La Puerta Cerrada-The Closed Door

I closed the door to the demons of my past
and I opened the door to a future that I
constructed
from tears and pain
for the first time in my life I am at peace and I
can
finally live
what comes next in these last few pages is
spiritual healing

Sol y Luna

he escuchado la frase "mi media naranja"
y siempre pensé que una persona estaría
completa cuando encuentre a alguien que le
complementa perfectamente
fuera como magia
pero ahora pienso que yo quiero alguien que
sea mi sol
alguien que sea una estrella, que me dé luz, y
que me dé
energía con su existencia
y que yo la luna, le dé espacio para brillar, sea
su luz en la oscuridad, y escucharía cada uno
de sus sentimientos
nos complementariamos perfectamente
porque somos
seres diferentes,
pero nos daremos un esfuerzo en nuestra
relación
y si no funciona seguirémos adelante
porque también somos fuertes
individualmente

Yesterday

I confess that yesterday wasn't my best
if I knew how it would all end
I know I would do it again
and once again would fail the test
I know my choices got me here
but even I can't control you,
my dear
I'm not saying I blame you for my mistakes
but ...
let me make myself crystal clear
your choices
led to my reactions
and my reactions
led to my actions
I made my choice
based on your choice
and even though I wasn't being my best
I won't regret yesterday

El Baile de Máscaras

bailamos entre las nubes
alrededor de miles de personas en disfraces
pero en mis ojos somos solo tú y yo
la música solo para nosotros
una gran fiesta en nuestro honor
los colores una hermosa visión
una escena de película
hablando a través de nuestros ojos
cada paso me enamoro más de ti
cada giro me intoxico más contigo
en un trance me muevo hacia ti
tus labios solo pulgadas lejos de mi
pero nunca suficientemente cerca
y cuando el timbre de la campana suena
tú sonríes y mi corazón se llena
mi mano en la tuya
me caminas hacia el balcón
lentamente te desenmascaras
y en frente de mí está mi peor enemigo
el amor
me confundí no es un baile de máscaras
es el baile del amor traicionero

Always

they say never make promises that you can't
keep
when you asked me if I would be there for you
I answered Always
it felt like a promise
one I can not keep anymore
this is the new promise to myself
one I need to keep, to be able to move
forward:
always be careful with the words you speak
they carry a heavy weight

Santa Cruz

el mundo es nuevo aquí
el sol me ilumina
y entiendo todo un poco más
el cielo me dice nuevas cosas cada día
el aire me canta su canción
la lluvia cura mi dolor

mi más crudo y verdadero estado
encontrarás en Santa Cruz
en la arena
y el bosque de secuoyas
mi alma estará

Truly

for a moment there I was truly okay
and what more can I say?
I cried
I cried not because I was sad
but because for once I was okay
and it felt good it truly did
for a moment there
I was living
I was alive
I was truly alive and I was truly living

for the moments I am not okay
I hold onto the moment that I once was
and hope to one day return to the moment of
truly

Una Carta Para Mi Hermana

nunca te lo diré en persona
pero te agradezco por nunca renunciar a mi
por respetar mis límites, sin preguntas
escribo hoy gracias al apoyo incondicional que
me das
y aunque no pueda expresar lo que siento
verbalmente
te lo escribo sinceramente a ti y al mundo

con amor,
tu hermana

True Self

it's hard to be my truest form
in front of the whole world
I'm sorry
you won't ever truly meet the real me

Adiós

cuando yo vivo una experiencia memorable
me despido de ella
sé que va a estar en mis recuerdos pero
nunca me voy a sentir de la misma manera de
nuevo
nunca voy a pasar el mismo momento con las
mismas personas
nunca va a ser la misma conversación
nunca va a ser el mismo clima
por eso me despido
porque yo necesito un tipo de cerradura en mi
vida
adiós a ese momento único
te miré en mis recuerdos

New Path

repeat these words:
before I make a new path to my story
I need to make some boundaries
I will not be shamed for keeping myself
safe
physically, mentally, and emotionally
I deserve respect and to be listened to

and with these boundaries set
I will form a new path
one that considers
my mental health and my happiness

Soy Yo

esta soy yo
con todas mis imperfecciones
con buenos y malos días
con mis pensamientos y con mis reacciones
yo he aprendido aceptarme
y si a alguien no le gusta como soy
no voy a rogar que se queden
no tengo tiempo para ser la versión que ellos
quieren
solo tengo tiempo para vivir los días que esta
vida me da

recita estas palabras cuando las necesites

Strawberry Milkshake

*when I was young one of my dreams was to
order a strawberry milkshake at a diner and
drink it while sitting at the counter
sipping my milkshake as the jukebox played a
song by The Beatles.*

the world broke her once
the blood from her veins
stained the floor around her
red like strawberries

the world saved her once
the love from her heart
painted the world around her
red like strawberries

she now lives in her dreams
sipping a drink made from red strawberries
smiling she enters the strawberry fields

Lo Que Entendí Cuando Me Encontré

encontré la mejor parte de mi
confiando en mi misma,
entendiendo que necesito tiempo para sanar,
y aceptando que hay algunas cosas que son
mejor dejar ir

no estoy diciendo que te rindas, pero estoy
diciendo que cuando hayas hecho todo lo que
puedas, puedes irte en paz sabiendo que
hiciste tu mejor esfuerzo

I Can Finally Breathe

and this is how it starts
my heart is less heavy
the weight on my lungs lighter
and I can finally breathe
without breathing any pain
without breathing any hate
finally, only air
this is how my life finally starts

Cuatro Años Después

y aquí estoy
escribiendo estas palabras

esto es el final
cuidate
quiero que sepas que yo estoy aquí
apoyándote

Four Years Later

and here I am
writing these words

this is the end
take care
I want you to know that I am here
supporting you

Y sigo viviendo …

And I keep living…